AF497816

MÉMOIRE

SUR

LES ARMES DE LA CAVALERIE.

MÉMOIRE

SUR

LES ARMES DE LA CAVALERIE;

Par Alexander MULLER,

Officier de cavalerie,

Auteur de l'escrime à cheval.

A PARIS,

Chez MAGIMEL, ANSELIN et POCHARD, Libraires, rue
Dauphine, N.º 9;

1817.

TABLE

DES MATIÈRES.

AVANT-PROPOS.

J'AI pour but de faire remarquer le vice de l'armement actuel de notre cavalerie et particulièrement de renverser le système des partisans de la lance, en mettant en évidence les défauts de cette arme.

Plusieurs fois, le respect et les égards que je devais à certaines personnes, m'ont forcé à de grands ménagemens pour des opinions qui me semblaient peu réfléchies ; plus souvent encore, et par les mêmes motifs, je me suis déterminé à garder tout-à-fait le silence.

Je puis le rompre ici sans inconvénient ; car ce n'est pas, à mon avis, choquer les bienséances, que de s'expliquer, avec une franchise pleine de réserve, sur des choses qui n'ont point de rapport aux intérêts particuliers.

Les opinions sur l'armement de la cavalerie sont tellement partagées qu'il serait trop long de les rapporter toutes.

Puisque les hommes sont si peu d'accord sur cet important objet, il faut donc s'en rapporter uniquement à l'expérience : il est extrêmement rare qu'elle nous induise en erreur.

Les partisans de la lance croient le cavalier plus terrible avec une arme offensive seulement, parce que, n'ayant pas de moyens pour se conserver, il doit employer tous ses efforts pour détruire. Ils se retracent sans cesse ces combats où nos ancêtres, couverts de fer, tombaient les uns sur les autres, après s'être désarçonnés, luttaient comme des gladiateurs et s'étranglaient comme des bêtes féroces, au lieu de se faire prisonniers.

Les partisans du sabre veulent une arme défensive et offensive à la fois, afin que le cavalier puisse nuire à son ennemi sans cesser de pouvoir se défendre avec avantage. Il n'a point échappé à leurs observations que nos mœurs ne ressemblent point à celles des siècles passés, et que les braves d'aujourd'hui aiment mieux faire des hommes prisonniers que de les massacrer sur un champ de bataille.

Il convient de favoriser cette tendance des esprits plutôt que de lui opposer des obstacles, puisqu'elle est avantageuse à la société.

Si le guerrier de nos jours est en général plus instruit que le guerrier d'autrefois; si sa valeur est plus réfléchie, sans être pour cela moins brillante; s'il est plus doux, plus humain; s'il sent bien que les moyens de détruire les autres ne doivent point être exclusifs de ceux de nous conserver nous-mêmes, donnons-lui donc une arme analogue à son caractère et à ses mœurs. En est-il une plus convenable que le sabre, qui fut toujours si redoutable entre les mains des français ?

A Son Excellence Monseigneur le Maréchal Duc DE FELTRE, Pair de France, Ministre Secrétaire d'Etat au département de la Guerre, etc. etc.

M onseigneur,

L'accueil flatteur dont Votre Excellence a daigné honorer mon ouvrage sur l'Escrime à cheval, m'a déterminé à prendre la liberté de lui adresser quelques observations sur l'armement et le harnachement de la cavalerie : pourrais-je lui en offrir l'hommage plus à propos que dans un moment où Votre Excellence vient d'ordonner la formation d'une commission chargée de la réorganisation de cette arme.

Les innombrables et importantes occupations dont Votre Excellence soutient avec tant de dignité

l'honorable et pesant fardeau, me défendent d'a-
buser d'un temps si utilement employé pour la
Patrie et pour tant de fidèles et vaillans guerriers ;
mais quoique privé par cette imposante considé-
ration de m'étendre autant qu'il serait nécessaire,
j'oserai cependant prier Votre Excellence de jeter
un coup-d'œil sur ce faible et rapide énoncé, et
de m'accorder ainsi la plus douce récompense que
je puisse prétendre du zèle qui me l'a dicté.

J'ai l'honneur d'être, avec le plus profond
respect,

MONSEIGNEUR,

DE VOTRE EXCELLENCE

Le très-humble, très-obéissant
et très-dévoué serviteur,

ALEXANDER MULLER.

MÉMOIRE

SUR

LES ARMES DE LA CAVALERIE.

DE LA PIQUE OU LANCE.

La pique, dont l'origine se perd dans la nuit des temps, est une perche plus ou moins longue, garnie à l'une de ses extrêmités d'un fer aigu. Elle a joué le plus grand rôle chez les Grecs et les Romains, et son nom seul rappellera toujours à l'homme instruit des faits passés, le souvenir de ces antiques phalanges si vantées par les historiens.

Arme de choc et de résistance de l'infanterie française jusqu'au règne de Charles VII, on la voit perdre de son crédit sous Louis XI, et disparaître entièrement sous Louis XIV. Elle fut remplacée par la bayonnette, inventée à Bayonne en 1641.

Puisqu'elle est tout-à-fait bannie de nos armées modernes, il est donc inutile que j'en démontre le fort ou le faible ; je n'en ai dit deux mots que parce qu'elle a une origine commune et de grands rapports avec la lance; elle en diffère cependant par la forme et le maniement.

Les avantages de la pique augmentent en raison de sa longueur; maniée des deux mains à la fois, elle n'est jamais embarrassante.

Il n'en est pas ainsi de la lance (nom moderne, exprimant le mouvemement du cavalier sur son adversaire, contre lequel il jète ou lance la pique); plus elle est courte et pesante, plus elle offre de succès dans le jet, pour lequel le cavalier ne peut employer que la main droite, tandis qu'il guide son cheval de la main gauche.

Elle était l'arme principale de la cavalerie française sous les Rois des deux premières races; à la bataille de Tours, gagnée par Charles Martel sur les Sarrazins, en 732, toute la cavalerie était armée de lances et de javelots.

Comme l'infanterie était la force principale des armées, on négligeait tellement la cavalerie, qu'elle n'avait ni bottes ni armes défensives à ladite bataille.

Charlemagne, à son avènement au trône, égala la force numérique de la cavalerie à celle de l'infanterie, et les armes offensives et défensives du cavalier devinrent alors d'une telle pesanteur, qu'il fallait être fort et robuste tant pour les manier que pour en soutenir le poids.

Sous les Rois de l'auguste race actuelle, la lance fut l'arme principale de l'ancienne gendarmerie; la chevalerie s'en servait aussi, mais seulement dans les tournois, fêtes militaires créées par les français.

La fureur de la chevalerie pour les tournois (1) était si grande,

____

(1) Voyez, à la fin, un extrait de l'histoire d'Anquetil.

qu'il ne fallut pas moins que la mort tragique de Henri II, et les anathêmes multipliés des Papes pour les faire abolir entièrement ; on ne peut néanmoins s'empêcher de regretter cette belle école où se formèrent tant de vaillans guerriers, dignes par leur brillant caractère de servir de modèle à quiconque veut consacrer ses jours au service de son prince.

Les tournois abolis, la lance commença à tomber en désuétude, et disparut tout-à-fait sous Henri IV.

Le français fier, belliqueux, toujours prêt à perdre la vie plutôt que de souffrir une insulte ou une injure, sentit qu'il lui fallait une arme autant pour défendre ses droits personnels que pour soutenir l'honneur du beau sexe. Il adopta le sabre braqueman et l'espadon. L'étude de ces armes, à laquelle il s'adonna tout entier, fit prendre une attitude plus noble à la jeunesse, en la formant autant pour le champ clos que pour la guerre. Ces sabres étaient longs, larges et tranchans.

Les succès militaires, source ordinaire du luxe et de la mollesse, et au sein desquels s'endorment les héros et toutes les nations conquérantes, introduisirent sous Louis XIII l'épée moyenne, et, sous Louis XIV, l'épée de la galanterie, plus conforme aux costumes de la cour, plus portative, et propre au champ clos à pied seulement. Aussi la noblesse ne négligeait-elle pas de s'en servir. Cependant, la conservation de l'épée moyenne ne permit pas au soldat de négliger l'étude de la contre-pointe. Cet exercice était bien propre sans doute et pourrait l'être encore à dresser et à déployer les membres du cavalier, à le familiariser avec les armes et à lui donner de l'ardeur ; mais il est impraticable à cheval et n'est bon que pour le champ clos.

Enfin il parut un homme sur la scène qui aurait pu rendre des services éminens à l'armée et à la nation ; je veux parler de St.-Georges. Cet homme, célèbre par son adresse dans le maniement des armes, aurait eu le moyen de dresser la jeunesse autant pour la guerre que pour les querelles particulières; mais il a fait plus de mal que de bien en introduisant parmi le soldat une escrime abusive et destructive, nuisible à la discipline, absolument inutile et même impraticable sur le champ de bataille, ainsi que je l'ai démontré dans la préface de mon ouvrage sur l'Escrime à cheval. Il ne doit pas non plus échapper à notre vue que plusieurs élèves de Saint-Georges, plutôt par spéculation que par tout autre motif, ayant porté leurs talens chez les étrangers, ces derniers, plus calculateurs et moins dupes que nous des prestiges d'une vaine dextérité, sentirent très-bien qu'ils ne pourraient tirer aucun avantage d'un art qui n'avait d'autre but que de former des hommes à se tuer avec grace en champ clos.

A l'exception de notre caractère national, qu'ils ne pouvaient prendre, ils ont adopté tout ce qui fait la force de nos armées; ils nous ont même imité jusque dans les plus petites choses; mais ils ont toujours dédaigné notre escrime, parce qu'elle n'offre pas assez de développement à la force du soldat.

Revenons à la lance : on a essayé de l'introduire de nouveau en France après la paix de Tilsitt, sans examiner si cette arme pouvait convenir au français après un abandon de deux cents ans et dans l'état actuel de l'art de la guerre. On commençait à s'apercevoir à cette époque que de brillantes conquêtes avaient moissonné notre belle cavalerie. De vastes desseins en réclamaient une nouvelle; mais on la forma avec une telle précipitation qu'il fut presqu'impossible de s'occuper de l'instruction; tirer au sort, monter à cheval, partir pour l'armée et se battre, n'était souvent que l'affaire de dix jours. Pour remédier à cette extrême faiblesse, on arma une partie de la cavalerie d'une lance, arme qui n'exige point d'instruction, et dont toute la théorie consiste en un coup de pointe en avant.

Cependant Montécuculi la vante comme la reine des armes; elle pouvait l'être de son temps; mais nous avons dû nous aper-

cevoir que cette reine n'a joué qu'un rôle accessoire et très-subal-
terne dans les guerres de nos jours.

C'est ordinairement dans les crises et les troubles des États
qu'on distribue des lances ou des piques à la milice, soit parce
qu'on manque d'autres armes, soit parce qu'on n'a pas le temps
d'exercer les hommes à en manier de plus propres à la défense
de la patrie.

La lance, arme habituelle des peuples du nord, analogue à leur
caractère et à leurs mœurs, n'est bonne qu'en raison de cette ana-
logie; or, le caractère national n'est pas communicable; et le fût-
il même, certes! nous ne voudrions pas renoncer au nôtre pour
devenir cosaques ou baskirs.

Les partisans de la lance, pour faire prévaloir leur système et
donner de la force à leurs raisonnemens, nous citent à chaque
instant les lanciers polonais; mais, s'il est impossible de rendre
problématiques le dévouement, la fidélité et la valeur de ces
braves, il ne l'est pas de même de démontrer l'insuffisance de
leur arme.

Qu'on examine le résultat de la bataille de Praga entre Suwarow
et Kosciuskow : l'armée polonaise était armée de lances et de
piques, et de beaucoup supérieure en nombre; cependant elle
périt dans cette fatale journée.

Oserait-on en accuser son courage ? Toute l'Europe se soulè-
verait contre cette horrible injustice; toute l'Europe, qui sait que
ces braves combattaient pour ce qu'il y a de plus sacré parmi les
mortels, et qu'ils s'écriaient en montant à l'assaut : *liberté, indé-
pendance ou la mort!*

Ce serait une erreur de croire que le polonais n'est bon soldat
qu'avec sa lance. La bravoure ne consiste pas dans la forme de
l'arme; elle est dans l'homme. Aussi, je suis persuadé qu'avec

toute autre arme ils ne seraient pas moins valeureux. Il faut cependant avouer que les succès qu'ils ont obtenus en combattant dans nos rangs, sembleraient justifier la préférence qu'ils ont donnée à la lance ; mais sont-ils redevables de ces succès à cette arme embarrassante plutôt qu'à la confiance que leur inspirait l'habitude de s'en servir ?

Nous avons vu au service de France des troupes armées de lances, à l'imitation des polonais. A l'ouverture de la campagne d'Espagne, on distribua des lances aux chasseurs du grand duché de Berg. Qu'avait-on à espérer de la force intrinsèque d'une cavalerie qui n'était pas familiarisée avec son arme ? Rien. Si le premier régiment des lanciers de Berg a fait des prodiges de valeur, faut-il les attribuer au maniement d'une arme tout-à-fait étrangère et opposée à leur caractère et à leurs mœurs ? Disons plutôt que ces hommes étaient aguerris, dans la force de l'âge, d'une belle taille, dévoués à la France et pleins de valeur, animés d'un noble esprit de corps, et guidés par le brave colonel comte de Goldstein : c'est donc à leur bravoure personnelle et non à la lance qu'ils ont dû leur brillante réputation.

On nous cite encore le cosaque, qui déshonore la noble profession de soldat et dont le nom est une injure. Il n'a ni l'extérieur ni les sentimens d'un militaire ; il se montre bien sur le champ de bataille ; mais, au lieu de se battre, il guette sa proie ; la frayeur qu'il inspire est moins le résultat de la force de son arme et de sa valeur en troupe, que de son esprit de pillage et des cruautés qu'il exerce sans cesse sur les malheureux prisonniers et blessés : barbare violateur du droit des gens, de ce droit réparateur et consolateur des maux de la guerre chez tous les peuples civilisés !

Dans la campagne de 1812, le mal que nous avons éprouvé était l'effet de la rigueur du climat et non d'e la supériorité de cette troupe.

L'ambition de notre chef, l'avarice de la plupart de nos administrateurs, plus avides d'argent qu'empressés d'assurer le service

vice des **vivres**, changèrent bientôt notre armée en un vaste hôpital
ambulant; il n'était pas difficile alors aux cosaques de tomber sur des
hommes isolés et affaiblis par les fatigues , tandis qu'ils avaient tout
pour eux, vivres, vêtemens, climat, etc. Si les français n'avaient pas
manqué des choses de première nécessité, et s'ils eussent eu la
force de suivre ponctuellement l'ordre du jour du 25 novembre,
publié à Tolochin, l'armée revenait encore belle ; mais tout était
contre nous.

D'après cet exposé, les cosaques ne sont donc pas si terribles
avec leur lance que l'on voudrait le faire croire. Leur seul métier
est de surprendre les hommes isolés; ils se gardent bien de tomber
sur des troupes armées ; convaincus de l'embarras de leur lance
et même de leur infériorité en bravoure, ils ont imaginé d'effrayer
leurs adversaires par des cris, des caracoles et d'autres petites
menaces de guerre. Voilà le cosaque : avide de butin, il ne quitte
son pays que dans l'espoir du pillage.

Je me garderai bien de confondre la troupe régulière de l'Empire
russe avec les misérables et dégoûtans cosaques, que l'on croirait
n'avoir été tirés de leurs déserts que pour nous présenter dans
un siècle de civilisation le tableau vivant des siècles de barbarie.

Lorsque je fus fait prisonnier de guerre, le 4 décembre 1812,
près de Wilna, cette troupe, non contente de me dépouiller de
mes vêtemens par un froid de 20 degrés, m'arrache encore les
bandes de mes blessures, cherchant partout de l'or. Je dirai plus :
en passant à Kopperniki, l'empereur Alexandre prit des infor-
mations sur le sort des prisonniers de guerre, et leur fit distribuer
une somme d'argent considérable; j'obtins 300 roubles pour ma
quote part; mais quelle fut ma surprise, lorsque je me vis dépouiller devant la porte de la maison même dans laquelle l'Empereur m'avait donné l'argent, et où il se trouvait encore.

J'aurais bien des traits à citer de cette soldatesque effrénée, si
le cri de ma reconnaissance pour l'empereur Alexandre, qui me

sauva la vie dans cette occasion, ne m'imposait silence. Loin de moi l'ingratitude ! Non, grand homme, je ne te reprocherai point les horreurs d'un esclavage de vingt mois, dont je passai la moitié dans les fers et dans les cachots secrets de la forteresse de Schlusselbourg. Ton humanité et ta modération envers ma patrie, m'ont fait oublier les douleurs cruelles d'un triste passé. Si je refusai de tourner les armes contre les rangs dans lesquels j'avais versé mon sang, c'était pour me rendre digne de tes bienfaits et de mon épée.

Examinons maintenant la force intrinsèque de la lance, et les services que les partisans de cette arme soutiennent qu'on en peut tirer.

La lance est une arme offensive seulement ; une fois détournée de la direction que lui imprime le cavalier, elle le laisse tout-à-fait à découvert et sans défense. On a vu dans la mêlée de vieux cavaliers jeter leur lance, se saisir d'un sabre, et, avec cette arme à la fois défense et offensive, se sauver du péril dans lequel une confiance imprudente en leur lance les avait engagés. On prétend que cette arme offre de grands avantages dans une foule de circonstances, et particulièrement lorsqu'il s'agit d'enfoncer un carré d'infanterie, ou de poursuivre un ennemi vaincu : avantages chimériques aux yeux de quiconque a fait la guerre en observateur ! il n'existe en général aucune arme portative par le moyen de laquelle on puisse enfoncer les carrés ; ce n'est qu'au canon seul et au cheval que cet ordre de bataille ne peut résister ; avec le premier vous battez les faces en brèche, et alors la cavalerie pénètre et enfonce ce qui n'a pas été renversé. L'infanterie ne pouvant supporter le choc et l'impétuosité des chevaux, la terreur se répand, la retraite sonne et la cavalerie poursuit.

Ne croyons pas la lance plus avantageuse dans la poursuite d'un ennemi en retraite. J'ai vu des prisonniers français blessés de trente coups de lance dont pas un seul n'était mortel, et cela parce que l'arme en elle-même trop lourde et trop embarrassante, ne peut avoir dans les mains du cavalier la force de toute autre arme plus légère et plus facile à manier.

La flamme attachée à la lance d'aujourd'hui est un reste de chevalerie ; elle imite la bannière et les enseignes de nos anciens rois et chevaliers. Il existait aussi des bannières de commune ; les personnes de distinction faisaient porter devant elles les leurs à la guerre : c'était un signe de ralliement dans les combats, comme le *manipulus* dans les armées romaines.

Les polonais, en entrant au service de France, n'ont point négligé d'annoblir leurs troupes en attachant cette flamme à leurs lances, ce qui peut me faire excuser de rappeler ici une anecdote consignée par César dans son premier livre de la guerre des Gaules. Il était convenu d'une entrevue avec Arioviste, et s'était engagé à ne se faire accompagner que d'un corps de cavalerie ; ne se fiant pas trop aux cavaliers gaulois, il fit monter sur leurs chevaux sa dixième légion, ce qui fit dire assez plaisamment à un soldat de cette légion, que César leur tenait plus qu'il ne leur avait promis, puis qu'au lieu de les faire prétoriens, il les faisait chevaliers.

Comment ne s'est-on pas aperçu que cette flamme attachée à la pique la rendait inutile, en indiquant à l'adversaire l'approche et la direction de la pointe. En troupe, elle indique également les évolutions faites devant l'ennemi ; elle est un point de mire pour le feu de l'artillerie, attire l'attention des vedettes, expose les avant-postes, même dans les brouillards ; et si l'on veut surprendre l'ennemi en quartier, cette forêt de banderoles frappe aussitôt les yeux et nous fait recevoir à coups de canon.

La lance n'est d'aucune utilité au cavalier français. On a beau la faire voltiger au-dessus de sa tête, à gauche, à droite, dans tous les sens ; ces fanfaronnades, bonnes à effrayer des recrues, n'intimideront jamais un soldat aguerri. Cet exercice, semblable à

celui du tambour-major et du bâtoniste , est une pure charla-
tannerie, plus que ridicule sur le champ de bataille.

Je persisterai toujours à dire qu'il n'est besoin dans la cavalerie ni de lances ni de piques. Ces armes embarrassantes occupent beaucoup de terrein, rendent la manœuvre très-difficile, et
n'offrent d'avantage sous aucun rapport; ainsi ne vaut-il pas mieux
nous soumettre à la nature des choses, que de prétendre la forcer
de se plier à notre volonté ?

Les héros qui ont illustré la France étaient des hommes élevés
dans les tournois dès leur enfance et formés de bonne heure au
métier des armes. Ils maniaient la lance aussi bien que toute
autre arme ; cependant il n'en est aucun qui s'en soit servi dans
les combats.

Bertrand Duguesclin, au premier tournois où il assista, fit perdre
les arçons à quinze champions, et peut-être même aurait-il désarçonné son père, s'il ne l'eût reconnu par son parement.

Pendant le siège de Rennes , le duc de Lancaster , général
anglais , curieux de connaître ce vaillant guerrier, l'invita à aller
le voir dans son camp. Duguesclin s'y rendit, et comme il se
disposait à prendre congé, le chevalier Brembro , ami du duc, le
pria de lui faire l'honneur de tirer trois coups de lances sur lui :
plutôt six, mon capitaine, répondit Duguesclin ; Brembro fut vaincu
et tué le lendemain.

Malgré de si grands succès, on ne voit nulle part que Duguesclin
ait employé dans les combats d'autres armes que la hache et le
sabre.

Il est donc certain que les anciens preux n'ont jamais eu de
confiance dans la lance, et qu'ils ont presque toujours préféré les
armes à la fois défensives et offensives.

Le Roi Jean II, surnommé Le Bon, en sentit bien l'inconvénient à la bataille de **Maupertuis**, le 19 septembre 1356 : s'étant fait rendre compte de la position et de l'ordre de bataille de l'ennemi, il ordonna à la cavalerie de mettre pied à terre, d'ôter les éperons et de tailler les lances à cinq pieds de hauteur, *afin qu'elles fussent moins embarrassantes dans la mêlée, où il s'agissait de combattre serrés les uns contre les autres.*

C'est donc une chose évidente qu'on ne peut donner en masse avec une troupe de lanciers.

Souvent, dans la mêlée, le cavalier est obligé d'approcher la main droite de la main gauche pour raccourcir ou ajuster les rênes de son cheval, et, dans ce mouvement, la lance, changeant de position, est quelque fois poussée par le serre-file dans le flanc d'un camarade. Je parle ici par expérience ; j'ai servi dans les lanciers, et j'avoue avec franchise que, dans les mêlées, mes propres soldats m'ont causé plus d'inquiétude que l'ennemi, contre lequel j'étais toujours en garde ; mais on ne l'est guère contre sa troupe et contre des coups imprévus.

Pour employer la lance telle qu'elle est de nos jours, on est forcé de déployer la masse et de débander le lancier pour lui faciliter le maniement de son arme et le mettre à même de pouvoir s'en servir avec succès. Et quel est le résultat d'une débandade, d'une désunion de l'ensemble, d'une destruction de la force adhérente ? Et, sur un terrain de 196 pieds carrés qu'exige un cavalier armé d'une lance de 8 pieds, 8 pouces, 4 lignes, conformément au réglement, quelle est la position du lancier ? C'est un homme isolé, toujours inquiet et privé de tout secours.

Je crois avoir suffisamment démontré les inconvéniens de cette arme, que nul bon soldat ne redoutera, fût-elle maniée par le plus habile lancier. Si quelqu'un pouvait douter de ce que j'avance, je suis prêt à le lui démontrer de ma propre personne, sûr de revenir sain et sauf du combat. Puissé-je un jour avoir l'honneur de conduire des cavaliers pour la défense de la cause sacrée de mon **Roi**

et de ma patrie ! je saurai les préparer à entrer au combat sans
redouter la lance.

Cette arme ne convient nullement à la nation française, portée
par son caractère vif, bouillant et intrépide, à de plus hautes in-
ventions. Si nos soldats la redoutent, la faute en est à nous qui
ne les avons jamais exercés à en éviter le choc et à la paralyser,
pour ainsi dire, entre la main du lancier.

La nouveauté des objets fait toujours naître la surprise ou la
crainte ; mais on pourrait tellement habituer nos troupes à voir la
lance de sang froid, qu'elles étonneraient nos ennemis même. Et
peut-on douter du succès d'une telle instruction, lorsque l'on con-
sidère que c'est le français qui, après la décadence de Rome, eut
la gloire de faire le premier des progrès rapides dans l'art de la
guerre.

Le sabre est la seule arme qui convienne à notre cavalerie,
mais non pas nos sabres et nos épées actuels. Ces armes, dans
la confection desquelles on paraît n'avoir jamais pensé à la soli-
dité, sont en général si faibles et si minces qu'on les croirait faites
pour de vaines parades, et non pour la guerre. Les officiers sont
encore plus mal partagés que les soldats ; ils les portent aussi
légères que possible, et ne pouvant s'en servir long-temps pour
leur défense, le nombre des combattans se trouve ainsi diminué.

Pourquoi donc de telles armes ? On nous fera observer peut-
être, relativement aux officiers, que, n'étant créés que pour conduire et surveiller leurs troupes, des armes plus fortes leur de-
viendraient inutiles. Mais sont-ils donc dispensés pour cela de se
battre et de se défendre ? Chez les romains (on en peut dire
autant de tous les peuples du monde), les centurions ne con-
duisaient-ils pas aussi leurs soldats dans les mêlées ? ne leur
donnaient-ils pas, en combattant comme eux, l'exemple de cet
intrépide dévouement qui procura si souvent la victoire aux
armées romaines sur des peuples bien supérieurs en nombre, et les

sauva quelquefois des plus grands dangers ? Les armes des uns et des autres étaient d'une telle force, que les macédoniens et les autres grecs, effrayés des larges et profondes blessures qui en résultaient, perdirent tout espoir de combattre avec succès contre des hommes armés d'une manière aussi redoutable.

Si Charles Martel, Pepin-le-Bref, Godefroi de Bouillon, Saint-Louis et ses compagnons d'armes, Louis VI, Bayard, Henri IV et tant d'autres héros qui ont illustré le nom français, pouvaient sortir des tombeaux, ils trembleraient pour nous en voyant la faiblesse de nos armes, et ne sauraient comment concilier notre décadence avec l'admiration que nous conservons pour eux.

Dira-t-on que nous n'avons plus la force de ces temps ? nous l'avons toujours; mais ce qui nous manque, ce sont les institutions, les exercices, la même ardeur de nous former à l'art de la guerre. Reprenons ces exercices, enflammons-nous de cette noble ardeur, et l'Europe reverra dans les français les dignes successeurs des mâles romains.

Je propose un sabre nouveau, propre à la fois pour l'estoc et pour la taille. Des exercices répétés empêcheraient nos cavaliers de s'apercevoir s'il pèse un peu plus que celui qu'ils ont aujourd'hui l'habitude de porter. La partie concave de la monture est tellement adaptée à la main, que le cavalier peut passer d'un mouvement à un autre avec aisance et sans perte de temps. La partie convexe, par son élévation et sa force, devient, pour le poignet, une défensive aussi solide que nécessaire. La dragonne tressée en cuir de veau et en forme de corde, de l'épaisseur de trois lignes, sera beaucoup moins gênante. Il conviendrait d'adopter un gant de buffle qui, montant jusqu'au coude du cavalier, lui offrirait un motif de plus de sécurité dans l'action. J'ai l'honneur d'adresser à Votre Excellence un sabre dressé sur ce modèle. Si Votre Excellence n'en approuvait pas la lame, elle reconnaîtrait probablement l'avantage incontestable de la monture.

DES ÉTRIERS.

Je proposerai aussi de changer la forme des étriers de toute la
la cavalerie, et je vais en déduire les raisons.

Depuis si long-temps que les peuples sont en guerre, qu'ils se
passent en revue les uns les autres, et portent leur attention particulièrement sur la cavalerie, on ne conçoit pas comment les
français et les autres nations n'ont pas saisi les avantages mar-
quans des étriers des turcs sur les leurs. Ils conservent au cavalier
toute sa force, en ce que son pied, bien d'aplomb, lui laisse
toute l'agilité de ses bras; il est dans les étriers comme un
fantassin sur le sol; il peut se lever debout sans craindre que le
pied lui manque; et cette situation ferme, en augmentant sa
confiance, lui donne de grands moyens contre son adversaire.
Pour se convaincre de la vérité de ces observations, qu'on se
rappelle les mamelucks que nous avions au service de France.
Je ne vois donc aucune raison qui défende de nous emparer de
cet avantage, sans lequel les cavaleries de l'Europe resteront toujours inférieures à celle des turcs, quoique pourtant susceptibles
de la surpasser sous tous les autres rapports.

Je me demande tous les jours comment le français, si ingénieux
et si inventif, n'a pas senti la nécessité de remédier aux grands
inconvéniens de nos étriers actuels. Il est pourtant démontré
que toute la force d'un cavalier consiste dans son aplomb, et que
si ses pieds ne sont pas fermes dans les étriers, la vigueur de
ses bras se consume en vains efforts, et l'impuissance où il se
trouve de les faire agir à sa volonté, paralyse ou anéantit son
courage.

courage. Nos étriers ne portent que de l'avant-pied ou *métatarse*; et c'est en cela précisément que consiste leur défaut; en général, la mécanique de notre corps s'appuie sur le talon, et l'avant-pied n'est qu'un moyen de direction à volonté.

Les étriers que j'ai l'honneur de proposer n'auraient rien de plus embarrassant pour la cavalerie française que pour les peuples qui s'en servent, et j'oserais espérer qu'ils assureraient au contraire, à l'avenir, une très-grande force à nos armées. Puisse-t-on en goûter bientôt les heureux effets, et je m'estimerai trop heureux d'avoir coopéré en quelque chose au bien de ma patrie.

ARMES DE JET.

DE LA CARABINE ET DU PISTOLET.

La carabine, inventée pour atteindre de loin, pourrait être comparée à l'arme de jet des anciens ; elle en diffère par la forme ; elle est la même par le fond.

On croirait que ceux qui ont armé notre cavalerie de fusils et de carabines, ont eu pour but de la rendre propre aux combats qui s'engagent de loin.

Les romains ne hasardaient pas ainsi la leur. Reconnaître un pays, escorter les subsistances de l'armée, harceler et poursuivre l'ennemi, éclairer ses mouvemens, intercepter ses convois, se porter enfin avec la promptitude de l'éclair partout où elle pouvait être utile ; telles étaient ses principales fonctions. Sans doute elle figurait dans les batailles rangées pour soutenir l'infanterie et lui inspirer de la confiance ; mais on ne la faisait donner que dans des cas décisifs et de près ; point essentiel qu'il ne faudrait jamais perdre de vue. Ménageons donc la cavalerie, et ne l'employons jamais sans une nécessité absolue ; sans elle l'infanterie n'a plus d'appui, plus d'équilibre, plus de confiance, plus d'ardeur. La terreur parcourt tous les rangs et donne le signal de la déroute. Nous n'avons que trop fait depuis vingt ans cette funeste expérience.

Revenons à la carabine : cette arme de jet, pour laquelle on s'est vu contraint d'emprunter à l'infanterie une foule de manœuvres inutiles (ce qui est sans doute un inconvénient majeur), ne peut être dans aucun cas d'un emploi avantageux. En effet, veut-on en augmenter le feu ? il faut étendre le front, et on risque alors d'être percé d'outre en outre avant d'avoir pu trouver le temps de se resserrer en masse. Veut-on en diminuer le front ? le feu diminue en même raison. S'obstine-t-on à attendre de pied ferme, dans cette dernière position, le choc de l'ennemi ? le peu d'étendue du front et la faiblesse du feu nous placent dans un état sensible d'infériorité ; et ce feu même, mal nourri, presque nul, occasionne un ébranlement qui ne donne que trop de facilité à la partie mouvante de percer la partie fixe : de là résulte un désordre souvent irrémédiable, et dont l'ennemi ne manque jamais de profiter.

On a imaginé encore de commander une décharge de cette arme dans l'attaque d'une ligne ; mesure inutile, par la simple raison que le cavalier ne peut ajuster son coup quand son cheval part au galop : s'il est entièrement occupé des rênes, il ne peut faire feu ; et, s'il fait feu, il abandonne nécessairement les rênes. Le désordre se met alors dans les rangs ; et ce désordre est toujours favorable à l'ennemi.

En établissant l'arme des dragons, on a voulu, en quelque sorte, faire revivre l'ancienne gendarmerie, qui combattait tantôt à cheval et tantôt à pied, selon les circonstances où elle se trouvait ; mais on n'a pas fait attention que ce qui était praticable dans ces siècles reculés où l'art de la guerre était encore dans l'enfance (car on ne voit jusqu'à la bataille d'Aurai, en 1364, aucune mesure combinée), ne l'est plus dans le siècle actuel, où tous les arts ont fait de si étonnans progrès.

Cette institution est donc sans but comme sans utilité ; car si l'on veut être à la fois cavalier et fantassin, on finira par ne rien être du tout. Jamais il n'est rien résulté de bon d'un combat de cavaliers à pied ou de fantassins à cheval.

Qu'on se rappelle les conseils du seigneur de **Ribaumont**, conseils funestes, qui firent perdre à Jean II la bataille de **Mau-**pertuis, et furent la cause d'un deuil général!

J'aurais encore beaucoup de choses à dire sur la carabine, si je ne craignais de donner trop d'étendue à ce mémoire.

Voyons ce qu'on pourrait lui substituer.

J'avoue qu'il est nécessaire pour animer peu à peu l'ardeur des combattans et se ménager le temps de se former en bataille, pour fixer l'attention du cavalier, et le préparer aux grands coups qu'il va bientôt porter, d'engager le combat par des tirailleurs avec une arme de jet.

Mais pourquoi n'aurait on pas autant de confiance dans le pistolet que dans la carabine? et sur quel fondement croirait-on cette dernière plus convenable et plus destructive? Et puisqu'il faut enfin former et instruire les hommes destinés au service de la cavalerie, qui empêcherait de les exercer plutôt au feu de la première que de la seconde des deux armes dont je viens de parler?

Le pistolet, plus léger et moins gênant, ne présente aucun obstacle à la rapidité des mouvemens. Et quelle intention a-t-on eue en donnant une arme à feu à la cavalerie? Ce n'a pas été certainement de procurer au cavalier un moyen plus sûr de lutter contre son ennemi ou de le détruire. Il est bien plus raisonnable de penser qu'on n'a voulu par-là qu'augmenter la frayeur qu'il inspire déjà par lui-même.

La cavalerie est, à proprement parler, la hache de l'armée; en conséquence, la carabine ne peut être pour elle que très-embarrassante; il suffirait donc (si l'on voulait absolument la maintenir) d'un nombre de carabiniers égal au dixième de chaque escadron. Ces tirailleurs se tiendraient en bataille à une certaine

distance en arrière de la ligne pour ne point gêner les mouve‑
mens; et chaque fois que l'on aurait besoin d'eux, ils passeraient
par les intervalles et se transporteraient où ils seraient nécessaires.
Je les destine à un autre emploi très-important dont je parlerai
dans un autre ouvrage.

Le cavalier, soit en vedette, soit dans quelques autres posi‑
tions difficiles à déterminer, mais où l'on conçoit pourtant que
les hasards de la guerre peuvent le placer, n'a besoin que d'un
seul pistolet; et alors la giberne, la banderolle et la fonte de gauche
deviennent tout-à-fait inutiles; cette dernière serait remplacée
par une espèce de boîte propre à recevoir des cartouches. Pen‑
dant le combat, le pistolet serait suspendu au ceinturon du sabre
par une chaîne en fil de fer de trois pieds de longueur; ce qui fait
éviter l'inconvénient de perdre l'arme, lorsque le cavalier, pressé
vivement, n'a pas le temps après la décharge de la remettre dans
la fonte.

Si nous pouvons monter une cavalerie aussi nombreuse que les étrangers, et si nous en avons un aussi pressant besoin qu'eux.

———

Je doute que nous puissions monter une cavalerie nombreuse avec autant de promptitude que les étrangers.

Presque tous les haras sont déserts, et il ne sort que des chevaux de luxe de quelques-uns qui nous restent encore, entretenus par des amateurs. La fausse spéculation et l'entêtement des cultivateurs nous privent d'en entretenir de conformes aux besoins de l'État. Mais puisque ces hommes, peu pénétrés des devoirs du citoyen, refusent de concourir pour le prix d'encouragement offert par le gouvernement, ne conviendrait-il pas de les y contraindre ?

Jusqu'à 1813, nous avons toujours eu en Allemagne environ cent mille chevaux à notre disposition ; mais je crois qu'aujourd'hui nous les trouverions à peine sur les quarante mille lieues carrées du royaume. Il est vrai de dire que nous pourrons toujours nous en en procurer un nombre suffisant pour les besoins de notre armée. La nécessité d'une nombreuse cavalerie ne sera jamais aussi impérieuse pour nous que pour les étrangers, grace à cette vertu spartiate qui a toujours fait de notre infanterie le principal objet des terreurs de l'ennemi. Gardons-nous cependant de négliger notre cavalerie ; une bonne organisation de cette arme fournit un motif de plus d'espérer la victoire.

RÉSUMÉ.

La lance doit être abolie, attendu qu'elle n'est plus l'arme nationale des français ; cette arme est purement offensive, au lieu que le sabre, offensif et défensif à la fois, peut devenir entre nos mains, par un exercice continuel, redoutable à nos ennemis.

Le changement des étriers produira une force étonnante, et on ne verra plus, ce qui est arrivé si souvent jusqu'à ce jour, la moitié d'un régiment perdre les étriers en entamant le trot ou le galop, et ne conserver l'équilibre que par un tâtonnement de pied aussi nuisible que ridicule.

L'abolition de la carabine n'est pas moins nécessaire ; si l'on veut avoir un véritable cavalier, il ne faut pas en faire un fantassin.

Cette métamorphose contrarie ses goûts, affaiblit ses dispositions, lui ôte l'opinion de sa supériorité, seule récompense de ses pénibles travaux dans la paix comme dans la guerre, et il finit par n'être bon à rien. On n'a point oublié l'opinion de Bayard au siége de Padoue, en septembre 1510.

Nos dragons, cette cavalerie si redoutée au commencement de notre désastreuse révolution, n'étaient plus les mêmes dans nos dernières campagnes.

La carabine peut être regardée, à juste titre, comme le pendant de la lance ; elle déchire et chiffonne le vêtement des cavaliers, les empêche de monter à cheval avec promptitude, cause des lenteurs dans les motions subites, et occasionne souvent dans les manœuvres un désordre irréparable en présence de l'ennemi.

ARMES DÉFENSIVES.

DE LA CUIRASSE.

La cuirasse est une arme défensive qui rend des services inappréciables au cavalier, en faisant décliner par sa partie convexe l'effort de l'arme ennemie; elle lui donne de l'assurance; car la certitude d'éviter certains périls augmente le courage et produit souvent l'intrépidité, tandis que la certitude contraire inquiète les plus braves et ralentit ceux que la nature n'a point faits pour s'enflammer d'une bouillante ardeur.

La cuirasse en fer battu, dont nos cavaliers sont revêtus aujourd'hui, est d'un poids excessif; on n'a pas été content qu'elle rendît le service que je viens d'indiquer; on l'a rendue en outre impénétrable à la balle, et cela sans songer à la proportionner aux forces communes de l'homme.

Je ne crois pas qu'il y ait de l'avantage à couvrir ainsi la quatrième partie du corps de nos cavaliers, tandis que les autres parties restent non-seulement toujours exposées, mais sont en quelque sorte paralysées par l'effet d'une si pesante et par-conséquent si gênante armure. J'ai vu souvent des cuirassiers blessés, et tous m'ont assuré que la cuirasse les avait empêchés de faire usage de leur force et de leur souplesse. Il est inutile que cette arme soit impénétrable à la balle; car il ne faut point aspirer à faire d'un cavalier un fantassin, en l'employant contre des fan-

tassins,

tassins, si ce n'est au moment où l'infanterie présente de grandes brèches aux faces de ses carrés, où elle est en déroute, et par là dans l'impossibilité de faire un mal sensible avec ses armes de jet.

Je propose donc de substituer à la cuirasse actuelle une simple demi-cuirasse en bois de liège; on pourra la rendre impénétrable à la balle si l'on veut, et le poids n'en sera pas de plus de trois livres (j'ai eu l'honneur d'en déposer des modèles dans les bureaux de la 7.ᵉ division du ministère de la guerre). Elle rappelerait les plastrons bourrés en crin dont se servit notre cavalerie dans les guerres de 1703, 1741 et 1757, et qui rentraient dans les arsenaux quand on cessait d'en avoir besoin. Le poids dont elle est inférieure à la demi-cuirasse en fer battu, serait très-avantageusement reparti sur les bras et sur les cuisses.

Couvrir le cavalier par derrière, c'est le supposer capable de tourner le dos devant l'ennemi, et la valeur du soldat français repousse une telle supposition; mais je sais que le conquérant de l'Angleterre, Guillaume, duc de Normandie, renouvela l'exemple audacieux d'Agathoclès en Afrique; il ôta aux soldats la ressource des vaisseaux : entre les flots et l'ennemi, il leur fallait vaincre ou mourir.

Aurions-nous dégénéré de la valeur de ces preux chevaliers qui préféraient la mort à la honte de fuir ? Je ne doute pas que nous ne puissions les égaler et faire revivre en nous leur brillant caractère; mais il faut introduire dans nos armées et la bonne discipline et la bonne instruction (1). Lorsque le soldat apprend sans cesse dans les garnisons comment il doit se tenir et se comporter sur le champ de bataille, il se précipite avec un indomptable courage dans les combats, et devient invincible.

---

(1) La sagesse du Gouvernement n'a pas manqué de placer à la tête de notre école d'équitation de Saumur un homme aussi distingué par ses vertus que par ses connaissances dans l'art de la guerre. M. le général comte de Laferrière, habile observateur de l'esprit et du cœur humain, joint à une théorie profonde une longue pratique, qualités indispensables dans l'application des principes à la classe inférieure.

Tous les jours d'excellens sujets sortent de cette école.

4

ESCRIME.

Si le cavalier doit frapper d'estoc ou de taille.

Plusieurs personnes m'avaient engagé à faire une théorie particulière sur l'escrime pour la grosse cavalerie, et à réduire l'offensive à la pointe seulement ; elles paraissent convaincues que le cuirassier ne doit se servir de sa latte que pour frapper d'estoc et non de taille, et que toute sa défensive consiste dans sa cuirasse, quoiqu'elle ne couvre que la quatrième partie du corps.

Des compilateurs, dans une brochure où on trouve copie d'un ouvrage imprimé à Paris, à Berlin, à St.-Pétersbourg, et à Vienne en 1811, prétendent qu'il est absurde de bâser l'escrime sur des principes ; qu'elle ne peut être un art, etc., etc., comme si une pratique quelconque ne menait pas naturellement à l'observation, et celle-ci à la théorie.

Ils s'appuient de l'autorité de Vegèce, qui aurait écrit, selon eux, que le cavalier doit frapper d'estoc et non de taille ; et Vegèce n'a posé nulle part ce principe aussi faux que bizarre. Il a dit, liv. I.er, chap. 12 : « Il faut apprendre aux soldats à frapper d'estoc et non de taille ; » mais il parlait de l'infanterie romaine, armée du bouclier et de l'épée ; et, après avoir lu cet auteur et même ses commentateurs avec toute l'attention dont je suis susceptible, je suis resté convaincu qu'il n'a jamais dit ce qu'on lui fait dire. J'ai vu au contraire que César, dans les guerres contre

les barbares, recommande à la cavalerie de frapper à la tête, et,
à la bataille de Pharsale, il s'écria : *Cavaliers, frappez au visage.*

Je ferai observer de plus que tous les historiens latins, dans
les récits de batailles, emploient constamment les expressions
cœsi, *cœsa*, que tout le monde sait être équivalentes à *taillés
en pièces ;* ce qui paraît peu favorable au système que l'on voudrait établir. Il est encore démontré que la cavalerie française a
constamment frappé de taille, en se réservant pourtant les coups
de pointe ou tierce, coups que représentent les planches 11, 15,
39 et 48 de mon ouvrage sur l'Escrime.

Il ne faut pas non plus perdre de vue que le cavalier frappant
d'estoc est moins imposant par son attitude que lorsqu'il frappe
de taille ; l'adversaire, voyant le coup mortel près de tomber sur
lui, est obligé de se retirer ou de se mettre en défense.

J'en conclus qu'il est nécessaire d'armer le cavalier d'un sabre
convenable à ces deux manières de frapper, et de lui donner une
instruction applicable à tous les cas. Exclure le coup de taille de
la théorie pour ne s'occuper que du coup de pointe, c'est priver
le cavalier du précieux avantage de pouvoir agir selon les circonstances, et de se rendre propre à obtenir tous les genres de succès.
On objectera, peut-être, que la pointe est plus dangereuse et
plus mortelle que la taille. Eh ! que nous importe qu'il tue son
adversaire ou qu'il ne le tue pas, pourvu qu'il le mette hors de
combat. Ce n'est jamais le nombre des morts qui assure la victoire ; ce sont les dispositions du général, les secours portés à
propos, les mouvemens justes, la célérité dans les manœuvres,
les attaques faites avec vigueur et ensemble.

Les morts et les blessés ne décident ni pour ni contre ; et
d'ailleurs, l'homme atteint de la plus légère blessure peut être
considéré comme mort : échappé du combat, il va courir de plus
grands dangers dans les hôpitaux, fléau prodigieusement destruc-
teur, et, s'il était permis de parler ainsi, l'arme la plus meurtrière
pour le genre humain.

EXERCICES DU CAVALIER.

—

Tout le monde convient de la nécessité des exercices. Ce n'est que par eux que le soldat parvient à ce haut degré d'instruction qui fit dire à Tite-Live au sujet des romains : « *Militem etiam sine rectore stabilis virtus tutata est.* »

Mais cette instruction sera toujours incomplette, et par là même insuffisante, si elle n'embrasse dans son ensemble toutes les connaissances pratiques qui constituent la *science* du soldat.

Or, ces connaissances étant relatives à une multitude d'objets divers, les exercices par lesquels on se les rend familières, doivent donc être variés comme elles.

Méthode pour disposer le soldat aux exercices qui se font en ordre de guerre.

Le soldat a besoin d'une espèce d'éducation qui le rende propre à la fatigue (1), qui le dérobe à l'oisiveté et à la débauche, qui lui donne de l'adresse, de l'agilité, de la souplesse, de la force et de la

---

(1) Nous remarquons aujourd'hui que nos armées périssent beaucoup par le travail immodéré du soldat; et cependant, c'était par ce travail immense que les romains se conservaient. La raison en est, je crois, que leurs fatigues étaient trop continuelles; au lieu que nos soldats passent sans cesse d'un travail extrême à une extrême oisiveté; ce qui est la chose la plus propre du monde à les faire périr.

Montesq. *grand. et décad. des Rom.*

grâce. Quand il réunit toutes ces qualités, il cherche, dans les garnisons comme dans les camps et sur le champ de bataille, à faire par-
tager aux autres la bonne opinion qu'il conçoit alors de lui-même ;
et personne n'ignore jusqu'où peut nous mener la noble ambition
de nous faire estimer autant que nous nous croyons estimables.

Il faut qu'il sache monter à cheval, manier ses armes avec
aisance, et qu'il soit formé au genre d'escrime le plus utile pour
lui dans les combats et le moins pernicieux dans les querelles
particulières.

Courir, porter de pesans fardeaux, s'escrimer, faire feu, nager, etc. : voilà les exercices qui forment un bon soldat ; mais
comme tout cela ne saurait s'exécuter dans le temps ordinaire,
il faut prendre des moyens tels que tout le loisir du soldat soit
employé.

Cependant, comme tout ce qui sent la règle et la contrainte
ne présente rien que de rebutant, je desirerais que le soldat ne vît
dans ces exercices multipliés que de simples récréations ou des
jeux militaires, et ce serait alors aux officiers supérieurs à ne les
présenter que sous les dehors de l'amusement et de la liberté.

Chaque jour aurait ses occupations : tantôt le maniement des
armes et le feu ; tantôt la marche, la course tant à pied qu'à
cheval.

On établirait des prix, même des honneurs, pour ceux qui
excelleraient dans quelque genre que ce fût. Les plus habiles
auraient une sorte d'inspection, le droit de juger du mérite des
autres, sous l'autorité des officiers nommés pour présider à ces
jeux. Ces officiers seraient là pour récompenser et non pour punir ;
car je voudrais que les punitions fussent prononcées par une
espèce de conseil composé d'un nombre de bons sujets choisis
parmi les soldats. L'officier ne ferait que confirmer leurs sen-
tences ; mais il serait le distributeur des prix, et maintiendrait la
liberté sans licence. Le soldat cessera de s'amuser et de donner

un libre essor à ses talens, si vous n'écartez de ces jeux toute idée de contrainte et de punition arbitraire.

Je n'exigerais pas même une assiduité constamment soutenue ; cependant nul ne pourrait s'absenter sans la permission des officiers supérieurs de sa compagnie.

Je ne doute pas que l'on ne puisse parvenir ainsi, sans rebuter le soldat, à l'occuper de choses utiles et à lui rendre extrêmement rares les occasions de débauche ; et cela sans règlemens, sans ordonnance, par le seul effet d'un usage introduit uniformement et généralement dans tous les corps.

On me reprochera, peut-être, de porter atteinte à la gravité du sujet pour donner à cette instruction une apparence agréable et séduisante ; peut-être même trouvera-t-on de la frivolité dans mes idées, ou le goût des choses extraordinaires.

Je pourrais me contenter, pour toute réponse, d'établir la différence entre les instructions forcées, sèches et rebutantes, et celles dont on trouve la source au milieu des jeux et au sein de la liberté, si mes principes n'étaient fondés, d'ailleurs, sur ceux des plus grands maîtres dans l'art de la guerre.

Que l'on se rappelle, en effet, les occupations des romains au Champ de Mars ; tous y allaient sans distinction et librement. L'émulation de s'y instruire était entretenue par le desir de mériter l'estime attachée dans ces temps aux talens pour la guerre. L'on y voyait les plus grands hommes disputer de force et d'adresse avec les citoyens les plus obscurs, et se féliciter de leurs succès dans la science de l'escrime (1). C'est ainsi que le Gouvernement formait des soldats par des jeux et des récréations

---

(1) Depuis l'introduction de la mode affreuse et barbare des combats singuliers, l'escrime a pu être regardée par un grand nombre d'hommes raisonnables comme la science des querelleurs ou des poltrons. Tâchons de la réhabiliter dans l'opinion des sages en la ramenant à son but primitif.

militaires ; c'est ainsi qu'il préparait et disposait les citoyens aux grandes choses qu'ils avaient à exécuter.

Pompée était singulièrement renommé pour son adresse aux exercices du Champ de Mars. Césra, pendant le cours de ses différens commandemens, ne négligea point de s'exercer en soldat dans les momens de loisir que pouvaient lui laisser ses fonctions de général ; combien ne dut-il pas se féliciter, dans la guerre d'Alexandrie, d'avoir appris à nager avec les autres citoyens ?

Faut-il des exemples pris en France ? que l'on se rappelle nos anciens tournois : c'était là que nos chevaliers prenaient des leçons de force et d'adresse.

L'ambition des princes et des plus grands seigneurs était de s'y distinguer aux yeux de toute la nation, qui attachait alors du prix à exceller dans les exercices militaires.

La galanterie était même un aiguillon : les femmes de ces siècles, aussi éclairées sur l'intérêt de la patrie que sur celui de leurs plaisirs, accordaient souvent le prix de leurs bonnes graces à la gloire acquise dans ces fêtes militaires.

Les talens particuliers des gens de guerre avaient alors des spectateurs et des juges ; l'amour de la gloire et de l'estime formait ainsi ces illustres chevaliers dont chaque page de notre histoire nous rappelle les noms si respectables et si nombreux. Aujourd'hui les talens et les vertus militaires, ensevelis dans l'obscurité, ne sont estimés et jugés que par un petit nombre de citoyens. Le plus grand nombre, occupés de leurs intérêts, ne voient rien au-delà. Il n'y a plus de théâtre où les preux puissent se montrer avec succès, parce qu'il n'y a plus de spectateurs ; si l'on donne un moment son attention au mérite éclatant de nos anciens guerriers, la frivolité reprend bientôt le dessus, et ceux qui s'occupent des faits de ces grands hommes, sont réduits à les admirer en secret.

Je sais qu'il serait difficile aujourd'hui, non par le manque d'hommes doués des anciennes vertus, de faire revivre entièrement parmi nous les usages passés ; mais comme le brave Lanoue, qui, considérant la perfection de l'instruction militaire des romains, désespérait d'y voir parvenir les hommes de son temps, je dirai : « Je ne requiers pas en écrit telle perfection, ains que » l'on ajustât la robe au corps et les lois à notre vertu ».

L'état présent des choses ne permet pas, en effet, que l'on forme des soldats comme dans Rome, ni des nobles passionnés pour les armes comme nos anciens chevaliers ; mais l'on peut former des soldats en accommodant la robe au corps et les lois à notre vertu. Je ne vois rien dans notre état militaire qui répugne à l'établissement de ces récréations instructives. Elles seraient, au contraire, dans le caractère et le génie de la nation, puisque parmi nous il est nécessaire, en gênant la liberté, d'en conserver les apparences ; puisqu'il faut contraindre sans paraître user de contrainte ; puisqu'il faut enfin charmer l'ennui et les peines du travail, en lui prêtant quelques-uns des attraits du plaisir et en y appelant au nom de l'honneur.

Quelques soient, au reste, les moyens qui conduiraient au même but, je les déclare hardiment bons et recevables, et ce serait une grande faute de les négliger.

Tout ce qui mène à l'exécution des grands desseins et au succès des grandes entreprises par une route agréable et facile, loin de paraître frivole aux bons esprits, les intéressera au contraire par un caractère frappant d'utilité.

On voit aujourd'hui dans toute l'Europe à-peu-près les mêmes armes, la même tactique, les mêmes manœuvres. Il est donc évident que, sauf les cas extraordinaires, la victoire doit se déclarer pour les soldats les plus instruits. Exerçons donc sans cesse, en temps de paix, nos cavaliers et nos fantassins, puisque l'entretien
d'un

d'un soldat qui s'instruit n'est pas plus coûteux à l'Etat que celui d'un soldat oisif.

Il est inutile de faire remarquer combien une occupation suivie donnerait de force aux lois de la discipline, sans laquelle il n'existat jamais d'armées dignes de ce nom.

Je termine à-peu-près comme Vegèce parlant aux romains : La valeur n'a point diminué chez les français, et la terre qui a produit les *Duguesclin*, les *Bayard*, les *Turenne*, les *Condé*, les *Luxembourg*, les *Catinat*, etc. etc., ne s'est point épuisée en les mettant au jour.

J'ose donc supplier Votre Excellence d'accueillir favorablement ce rapport, comme une preuve de mon entier dévouement, et comme le témoignage du sincère et vif intérêt qui m'anime pour tout ce qui peut être utile au service du ROI et de ma nouvelle patrie.

EXTRAIT

DE

L'HISTOIRE DE FRANCE,

PAR ANQUETIL.

C'ÉTAIT leur passe-temps chéri : ils quittaient tout pour y aller ; ils vendaient tout pour y paraître. On n'estimait un gentilhomme qu'autant qu'il s'y était distingué, et la preuve la plus authentique qu'il pût donner de sa noblesse, était d'y avoir combattu. Les jeunes gens les regardaient comme une école honorable pour se former au métier des armes ; les gens faits comme une occasion de faire admirer leur adresse, les amans comme moyen d'acquérir l'estime des belles. Les dames n'attendaient rien avec plus d'empressement, moins par le plaisir que leur procuraient de si magnifiques spectacles, que par la gloire d'y présider. C'étaient toujours elles qui en distribuaient le prix ; elles qui en étaient l'âme et l'ornement ; elles enfin qui, pour exciter le courage des tenans, leur donnaient avant le combat une pièce détachée de leur habillement, dont le chevalier favorisé ornait le haut de son héaume, ou de sa lance, son écu, sa cotte d'armes, ou quelqu'autre partie de son armure.

L'annonce du tournoi, toujours précédée et suivie de fanfares, se faisait d'ordinaire en vers, chantés par deux filles de qualité, accompagnées de hérauts d'armes ; celui qui envoyait le cartel et celui qui le recevait convenaient de deux chevaliers, gens d'une grande réputation, pour être juges du combat ; c'étaient eux qui en fixaient le jour, le lieu et les armes.

Autour de la carrière étaient des échafauds partagés en loges et en gradins, décorés de riches tapis, de pavillons, de bannières, de banderolles et d'écussons : là se plaçaient les rois, les reines, les princes et les princesses avec toutes leurs cours.

Pour les armes, comme l'unique but des tournois était d'exercer et de former la noblesse au métier de la guerre, on y admettait que celles que nos français appelaient courtoises ; c'étaient des lances sans fer, des épées sans taillant ni pointe, souvent des épées de bois, quelquefois de simples cannes ; il n'était pas même permis de frapper de ces pointes émoussées, mais seulement du haut en bas, sans les *bouter* d'estoc. On ne devait ni combattre hors de son rang, ni blesser le cheval de son adversaire, ni porter des coups de lances qu'au visage et entre les quatre membres, c'est-à-dire, au plastron, ni assaillir un chevalier dès qu'il avait ôté la visière de son casque, se réunir plusieurs contre un seul.

Les chevaliers arrivaient quatre jours avant le tournoi ; rien de plus brillant et de plus magnifique que leur équipage ; ils se ruinaient en chevaux et en habits. On n'y recevait point un noble qui s'était mésallié ou déshonoré par quelqu'action indigne de sa naissance ; s'il avait la témérité d'y paraître, il était désarmé par ordre du juge, fustigé et mis à califourchon en quelqu'endroit de la barrière, pour essuyer un jour entier les insultes de la canaille : on en était encore exclus pour avoir mal parlé du beau sexe. Le coupable se présentait-il malgré les ordonnances ? une grêle de coups de houssines, que tous les autres chevaliers, et peut-être les dames elles-mêmes, faisaient tomber sur lui, le punissait de son audace.

Cette sévérité aida beaucoup à policer les mœurs : plus un jeune gentilhomme avait envie de briller en de si nobles assemblées, plus il appréhendait de se rendre indigne d'y être admis.

Quand toutes les quadrilles étaient en ordre de bataille, les juges allaient de rang en rang, examinant avec soin si personne ne s'était fait lier sur la selle de son cheval, chose indigne d'un chevalier, et défendue sous les plus rigoureuses peines. On sonnait ensuite la charge ; pendant la mêlée, les lances, les cannes, les épées donnant sur la cuirasse ou sur le casque des combattans, faisaient un bruit effroyable ; la victoire demeurait long-temps incertaine, parce que les tenans et les assaillans, gens braves et adroits, la disputaient avec acharnement ; les vaincus s'échappaient de la lice sans bruit et se sauvaient dans la forêt la plus voisine. Quelquefois la fête était suivie d'une joute sans annonce, sans prix, sans défi et avec des armes innocentes, c'est-à-dire, qui ne blessaient pas. Deux braves, par galanterie, rompaient une lance ou deux en l'honneur des dames. Ces intrépides preux, courant à toute bride, se donnaient des coups si terribles, quand ils venaient à se rencontrer, qu'il fallait se tenir bien ferme pour n'être pas désarçonné.

La différence entre les tournois et les joutes, c'est que les uns étaient des batailles, et les autres des vrais duels.

Le tournoi fini, on s'occupait du prix ; on allait dans tous les rangs recueillir les voix, et, après avoir entendu le rapport des officiers d'armes, dont les regards avaient été continuellement fixés sur cette multitude de combattans, les princes souverains, les anciens chevaliers et les juges nommés prononçaient enfin le nom du vainqueur.

Souvent on a vu la question portée au tribunal des dames ou demoiselles. Si le prix n'avait pas été accordé au héros qu'elles en estimaient le plus digne, elles lui en décernaient un second qui n'était guère moins glorieux que le premier, et souvent peut-être plus flatteur. C'étaient toujours elles qui devaient le porter et le présenter au chevalier qui avait obtenu les honneurs du triomphe.

A BOURGES, DE L'IMPRIMERIE DE J. B. C. SOUCHOIS. 1817.